Impressum

Titel: BIG GAME TIME - American Football für Kid´s - malen, verstehen, erleben
Herausgeber: Andy Deml
Verlag: Self-Publishing
Erstellt mit künstlicher Intelligenz - ChatGPT + Copilot
Illustrationen: KI - ChatGPT + Copilot
Texte: KI - ChatGPT
Redaktion: Andy Deml
ISBN: 9783769389524
Imprint: Independently published
Copyright: © 2025 Andy Deml. Alle Rechte vorbehalten.
Kontakt: Rosenhofer Str. 20, 91275 Auerbach; Email: auerbach23@online.de

Haftungsausschluss: Alle Inhalte dieses Malbuchs, einschließlich der Illustrationen, Regelkunde und Geschichten, sind urheberrechtlich geschützt. Jede Vervielfältigung, Verbreitung oder andere Nutzung der Inhalte ohne ausdrückliche Genehmigung des Herausgebers ist untersagt. Die Informationen in diesem Buch wurden sorgfältig recherchiert und erstellt. Dennoch übernehmen Herausgeber und Autoren keine Haftung für die Richtigkeit, Vollständigkeit und Aktualität der Inhalte.

BIG GAME TIME

AMERICAN FOOTBALL FÜR KID'S
MALEN, VERSTEHEN, ERLEBEN

COPYRIGHT: © 2025 ANDY DEML. ALLE RECHTE VORBEHALTEN

Vorwort:

American Football ist ein spannender und taktischer Sport, der Teamgeist, Schnelligkeit und Strategie vereint. Dieses Malbuch wurde speziell für Kinder erstellt, um ihnen spielerisch die Welt des Footballs näherzubringen. Mit vielen liebevoll gestalteten Ausmalbildern und kurzen Geschichten können Kinder nicht nur ihrer Kreativität freien Lauf lassen, sondern auch die wichtigsten Grundlagen des Sports verstehen. Egal, ob Du bereits Fan bist oder diesen faszinierenden Sport gerade erst entdeckst – dieses Buch bietet Spaß und Wissen zugleich!

Einleitung:

Willkommen in der aufregenden Welt des American Football! In diesem Buch findest du viele spannende Ausmalbilder, Geschichten und interessante Informationen über diesen tollen Sport. Schnapp dir deine Buntstifte und tauche ein in die Welt der Touchdowns, Pässe und spannenden Spiele! Du wirst die wichtigsten Regeln kennenlernen, erfahren, wie das Spielfeld eingeteilt ist, Details zur Ausrüstung und herausfinden, welche die wichtigsten Spieler sind. Jedes Kapitel enthält nicht nur detaillierte Beschreibungen, sondern auch kleine Geschichten, die dich mitten ins Geschehen bringen!

Das American-Football-Feld

Ein American-Football-Feld sieht aus wie ein großes, grünes Rechteck und ist etwa so lang wie ein Fußballfeld. Es ist 120 Yards (etwa 110 Meter) lang und 53,3 Yards (etwa 48,8 Meter) breit. An jedem Ende des Feldes befindet sich eine 10 Yards (etwa 9 Meter) tiefe Endzone. Das Ziel des Spiels ist es, den Ball in die Endzone der gegnerischen Mannschaft zu bringen, um Punkte zu erzielen.
Das Spielfeld ist in der Mitte in zwei Hälften geteilt, und alle fünf Yards sind Querlinien eingezeichnet, die den Spielern helfen, den Fortschritt im Spiel zu messen. Jede zehn Yards ist die entsprechende Yard-Zahl auf dem Feld markiert. Die Mittellinie wird als 50-Yard-Linie bezeichnet. Die Bereiche zwischen der 20-Yard-Linie und der Endzone nennt man "Red Zone", weil hier die Wahrscheinlichkeit, Punkte zu erzielen, höher ist.

In der Mitte der Endzonen stehen die Torpfosten, die wie ein großes "H" aussehen. Sie bestehen aus einer Querstange, die 3,05 Meter über dem Boden liegt, und zwei senkrechten Stangen, die nach oben ragen. Durch diese Pfosten versuchen die Teams, den Ball zu kicken, um zusätzliche Punkte zu erzielen.
Die seitlichen Begrenzungen des Spielfelds nennt man Seitenlinien, und die Linien an den Enden des Feldes heißen Endlinien. Wenn ein Spieler diese Linien überschreitet, gilt er als "out of bounds" und der Spielzug wird gestoppt.
Zusätzlich gibt es auf dem Feld Markierungen, die sogenannten "Hash Marks". Sie verlaufen parallel zu den Seitenlinien und helfen dabei, den genauen Ort für den nächsten Spielzug festzulegen, je nachdem, wo der vorherige Spielzug beendet wurde.

Ein American-Football-Feld hat also viele Linien und Markierungen, die den Spielern und Schiedsrichtern helfen, das Spiel zu organisieren und fair zu gestalten.

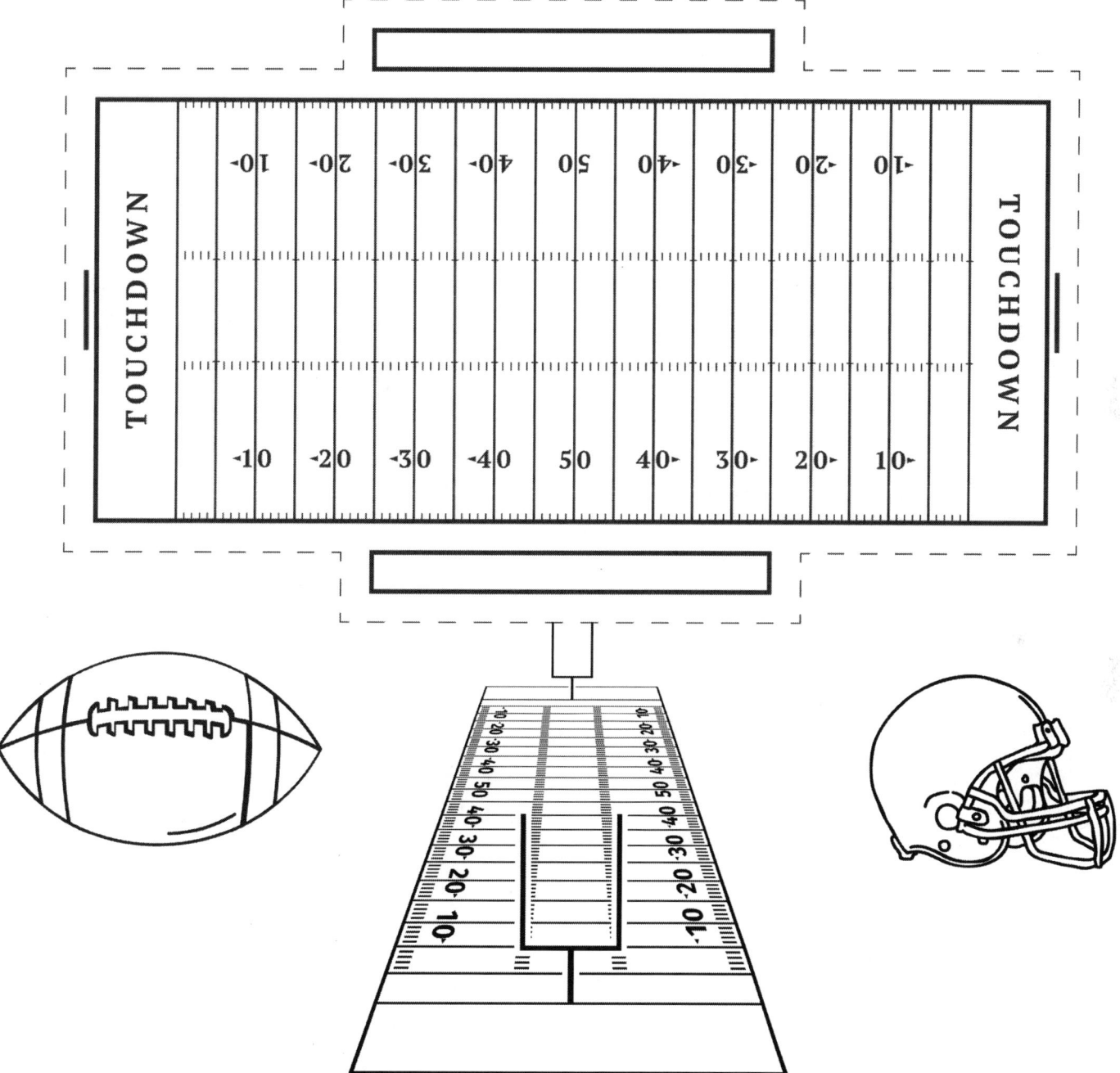

Ein American-Football-Spielfeld mit Endzonen, Yard-Markierungen und Torpfosten.

Das Zauber-Footballfeld

Patrick liebte Sport, aber American Football war für ihn ein Rätsel. „Das Feld sieht ja aus wie ein riesiges Gitter!" rief er, als er mit seinem Freund Ben zum ersten Mal ein echtes Footballfeld betrat.

„Das ist kein Gitter, Patrick", lachte Ben. „Ich erklär's dir!"

Plötzlich begann das Feld zu leuchten! Die Linien schimmerten in bunten Farben, und eine freundliche Stimme sprach: „Willkommen auf dem Zauber-Footballfeld! Ich werde euch zeigen, was jede Linie bedeutet."

Zuerst zeigte das Feld auf die Mitte. „Hier ist die 50-Yard-Linie, genau in der Mitte des Spielfelds. Von hier aus starten oft die spannendsten Spielzüge!"

Dann leuchteten alle 10-Yard-Linien nacheinander auf. „Jede dieser Linien hilft den Spielern zu sehen, wie weit sie den Ball tragen müssen."

„Und was ist mit diesen langen weißen Linien an der Seite?" fragte Patrick neugierig.

„Das sind die Seitenlinien! Wenn du darüber hinausläufst, ist der Spielzug vorbei."

Plötzlich funkelten die Enden des Feldes golden. „Das sind die Endzonen! Hier müssen die Spieler den Ball hineinbringen, um Punkte zu machen!"

„Cool!" rief Patrick begeistert. „Und was ist mit diesem großen H da hinten?"

„Das ist das Tor, die Spieler können den Ball hindurch kicken, um extra Punkte zu bekommen!"

Patrick strahlte. „Jetzt verstehe ich das Spielfeld! Lass uns spielen!"

Ben und Patrick rannten los und übten ihre ersten Pässe. Das Zauber-Footballfeld zwinkerte ihnen zu und verschwand langsam wieder. Doch Patrick wusste: Heute hatte er etwas ganz Besonderes gelernt!

Die Ausrüstung

1. Helm und Gesichtsschutz

Der Helm schützt den Kopf vor harten Zusammenstößen. Er besteht aus einer harten Außenschale und einer weichen Polsterung innen. Vorne am Helm befindet sich ein Gitter, das Gesichtsschutz genannt wird. Es bewahrt das Gesicht vor Verletzungen. Ein zusätzlicher Mundschutz schützt die Zähne und den Kiefer.

2. Schulterpolster (Shoulder Pads)

Diese Polster sehen aus wie große, gepolsterte Westen und schützen Schultern, Brust und Rücken. Sie helfen, die Wucht von Zusammenstößen zu dämpfen, damit sich die Spieler nicht verletzen.

3. Trikot und Hose

Das Trikot ist das bunte Oberteil, das die Teamfarben zeigt. Die Hose ist oft eng anliegend und hat Taschen für zusätzliche Polster. Diese Polster schützen Oberschenkel, Hüften, Knie und das Steißbein vor Prellungen und Stößen.

4. Handschuhe

Viele Spieler tragen Handschuhe mit speziellen Griff-Flächen. Sie helfen dabei, den Ball besser zu fangen und zu halten. Außerdem schützen sie die Hände vor Kratzern und Stößen.

5. Schuhe

Die Schuhe haben Noppen an den Sohlen, die Stollen genannt werden. Sie geben den Spielern Halt auf dem Rasen, damit sie nicht ausrutschen, wenn sie rennen oder schnelle Richtungswechsel machen.

Jeder dieser Ausrüstungsgegenstände ist wichtig, damit die Spieler sicher spielen und Spaß am American Football haben können.

Das magische Football-Set

Patrick war aufgeregt. Heute durfte er zum ersten Mal mit seinem Freund Ben Football spielen. Doch als er das Spielfeld betrat, rief er erstaunt: „Wow, warum sehen alle Spieler aus wie Ritter mit Rüstungen?"
Ben lachte. „Das ist unsere Football-Ausrüstung! Sie schützt uns und hilft uns, besser zu spielen."
Plötzlich blitzte etwas neben Patrick auf. Ein großes Football-Set stand vor ihm, und eine geheimnisvolle Stimme sagte: „Patrick, probiere mich aus, und ich erkläre dir alles!"
Vorsichtig setzte Patrick den Helm auf. Sofort hörte er die magische Stimme: „Ich beschütze deinen Kopf, damit dir nichts passiert! Mein Gesichtsschutz hält den Ball und andere Spieler von deinem Gesicht fern."
„Cool!" rief Patrick. Dann zog er die Schulterpolster an. „Wow, die sind ja riesig!"
„Richtig!" sagte die Stimme. „Ich dämpfe Stöße, wenn du mit anderen zusammenstößt, damit es nicht wehtut."
Als Patrick das Trikot und die Hose anzog, spürte er kleine Polster an seinen Beinen. „Was ist das?" fragte er neugierig.
„Das sind extra Schutzpolster für deine Oberschenkel, Knie und Hüften!" erklärte die Stimme.
Nun zog Patrick die Handschuhe an. „Hey, die fühlen sich so klebrig an!"
„Ja, das hilft dir, den Ball besser zu fangen und nicht fallen zu lassen!"
Zum Schluss schlüpfte Patrick in die Football-Schuhe. Er stampfte ein paar Mal auf den Boden. „Warum haben die kleine Stacheln?"
„Das sind Stollen! Sie sorgen dafür, dass du nicht ausrutschst, wenn du rennst oder abrupt stehen bleiben musst!"
Patrick sah an sich herunter. Er fühlte sich jetzt wie ein richtiger Football-Spieler!
„Jetzt kann ich loslegen!" rief er begeistert.
Ben grinste. „Na dann, lass uns spielen!"
Und so begann Patrick sein erstes Football-Spiel – gut geschützt und bereit für das große Abenteuer auf dem Spielfeld!

Die Grundregeln des Spiels

American Football ist ein spannendes Spiel, bei dem zwei Teams versuchen, den Ball in die Endzone des Gegners zu bringen, um Punkte zu erzielen. Hier sind die grundlegenden Regeln erklärt:

1. Teams und Spielfeld
- Teams: Jede Mannschaft besteht aus 11 Spielern auf dem Feld. Es gibt spezielle Spieler für den Angriff (Offense) und die Verteidigung (Defense).
- Spielfeld: Das Feld ist etwa 110 Meter lang und 49 Meter breit. An jedem Ende befindet sich eine Endzone, in die der Ball gebracht werden muss, um Punkte zu erzielen.

2. Spielziel
Das Hauptziel ist es, den Ball in die gegnerische Endzone zu bringen. Dies kann durch Laufen mit dem Ball oder durch Passen erreicht werden.

3. Spielablauf
- Angriff: Die angreifende Mannschaft hat vier Versuche (Downs), um mindestens 10 Yards (etwa 9 Meter) Raum zu gewinnen. Gelingt dies, erhalten sie vier neue Versuche. Schaffen sie es nicht, wechselt der Ballbesitz zum Gegner.

- Spielzüge: Es gibt zwei Hauptarten von Spielzügen:
  - Laufspiel: Ein Spieler, oft der Runningback, läuft mit dem Ball, um Raum zu gewinnen.
  - Passspiel: Der Quarterback wirft den Ball zu einem Mitspieler, dem Receiver, der versucht, den Ball zu fangen und weiterzulaufen.

4. Punkte erzielen

Touchdown: Wenn der Ball in die gegnerische Endzone gebracht wird, erhält das Team 6 Punkte.

Extrapunkt: Nach einem Touchdown kann das Team versuchen, den Ball durch das Tor zu kicken und erhält dafür 1 Punkt.

Field Goal: Wenn es dem Team nicht gelingt, einen Touchdown zu erzielen, können sie versuchen, den Ball durch das Tor zu kicken und erhalten dafür 3 Punkte.

5. Verteidigung

Die verteidigende Mannschaft versucht, den Angriff zu stoppen, indem sie den Ballträger zu Boden bringt oder Pässe abfängt.

6. Spielzeit

Ein Spiel besteht aus vier Vierteln zu je 15 Minuten. Aufgrund von Unterbrechungen kann ein Spiel jedoch länger dauern.

Das große Football-Abenteuer

Patrick liebte Sport, aber American Football hatte er noch nie gespielt. Als er mit seinem Freund Ben auf den großen Sportplatz kam, war er ein bisschen nervös. „Wie soll ich das bloß lernen? Die Regeln sind doch so kompliziert!"
Ben lachte. „Keine Sorge, Patrick! Ich erkläre dir alles mit einem Spiel – und du wirst sehen, wie einfach es ist!"
Plötzlich blitzte der Football auf, und eine magische Stimme sprach: „Willkommen zu deinem ersten Spiel, Patrick! Bist du bereit?"
„Ja!" rief Patrick aufgeregt.

1. Das Spielfeld und die Teams
Plötzlich erschienen zwei Mannschaften in bunten Trikots. „Jedes Team hat 11 Spieler auf dem Feld," erklärte Ben. „Die einen greifen an, die anderen verteidigen!"
„Und wo müssen sie hin?" fragte Patrick.
„In die Endzone am Ende des Spielfelds! Da müssen wir den Ball hinbringen."

2. Der Angriff beginnt!
Ben zeigte auf den Quarterback – den Spieler, der den Ball hatte. „Jetzt beginnt ein Spielzug! Wir haben vier Versuche, um mindestens 10 Yards (ungefähr 9 Meter) nach vorne zu kommen."
„Und wie machen wir das?" fragte Patrick.
„Es gibt zwei Möglichkeiten: Laufen oder Passen!"
Plötzlich bekam Patrick den Ball. Die magische Stimme rief: „Lauf, Patrick!"
Schnell rannte er los und schaffte 5 Yards. „Puh, das ist anstrengend!"
„Jetzt probieren wir einen Pass!" sagte Ben und warf den Ball zu Patrick. Patrick fing ihn und rannte bis zur Endzone.
„TOUCHDOWN!" rief die Stimme. „Das gibt 6 Punkte!" WOW!

3. Der Extrapunkt
„Jetzt können wir einen Extrapunkt machen", erklärte Ben.
Patrick trat den Ball – und er flog durch das große „H" am Ende des Feldes.
„Super! Jetzt haben wir einen Punkt extra, also insgesamt 7 Punkte für diesen Spielzug!"

4. Die Verteidigung
Jetzt war das andere Team dran. „Wir müssen verhindern, dass sie Punkte machen!" sagte Ben.
Patrick sprang hoch und fing einen Pass des Gegners ab. Die Stimme rief: „Interception! Jetzt haben wir wieder den Ball!"
„Wow, Verteidigen macht ja auch Spaß!" rief Patrick.

5. Spielende
Nach vier spannenden Vierteln, die jeweils 15 Minuten dauern, sagte die magische Stimme: „Spiel vorbei – und Patrick ist ein echter Football-Spieler geworden!"
„Das war großartig!" rief Patrick. „Jetzt verstehe ich die Regeln – und es macht so viel Spaß!"
Ben grinste. „Ich hab's dir doch gesagt! Morgen spielen wir wieder!"

Und so wurde Patrick ein großer Football-Fan, der mit jedem Spiel besser wurde.

Der Quarterback

Der Quarterback ist der wichtigste Spieler in der Angriffsreihe und wird oft als der Spielmacher bezeichnet. Er steht in der Mitte des Spielfelds hinter seinen Mitspielern und hat die Aufgabe, das Spiel zu lenken. Bevor ein Spielzug beginnt, ruft er spezielle Codes und Zeichen, um seine Mitspieler auf den nächsten Zug vorzubereiten.
Sobald der Ball vom Center zu ihm gespielt wird, muss der Quarterback blitzschnell eine Entscheidung treffen. Er hat drei Möglichkeiten:

1. Er kann den Ball werfen – Dabei sucht er einen freien Mitspieler, meist einen Wide Receiver, der den Ball fangen und möglichst weit nach vorne rennen soll.
2. Er kann den Ball an einen Mitspieler übergeben – Oft gibt er ihn an einen Runningback, der dann durch die Verteidigungslinie der Gegner läuft, um möglichst viele Yards zu gewinnen.
3. Er kann selbst mit dem Ball laufen – Wenn keine gute Passmöglichkeit besteht und die Verteidiger nicht zu nah sind, kann der Quarterback versuchen, selbst voranzukommen.

Die wichtigste Aufgabe des Quarterbacks ist es, kluge Entscheidungen zu treffen, denn er muss in Sekundenschnelle erkennen, wo sich die Gegner befinden und welcher Spielzug am besten funktioniert. Ein guter Quarterback hat ein starkes Wurfarm, eine schnelle Reaktionsfähigkeit und ein gutes Spielverständnis. Oft sind Quarterbacks die Anführer des Teams und motivieren ihre Mitspieler, gemeinsam nach vorne zu kämpfen.
In einem Spiel kann der Quarterback über 30 bis 40 Mal den Ball werfen oder weitergeben – und jede Entscheidung kann über Sieg oder Niederlage bestimmen!

Der Quarterback

Patrick und sein Freund Ben spielten jeden Tag auf dem Sportplatz. Doch heute war es etwas Besonderes – Du probierst heute die wichtigste Position im American Football!

„Heute bist du unser Quarterback!" rief Ben begeistert.

„Quarterback? Wow, das ist ja unglaublich" freute sich Patrick.

„Du bist der Anführer unserer Mannschaft! Du musst entscheiden, was wir mit dem Ball machen – werfen, laufen oder abgeben!" erklärte Ben.

Patrick war aufgeregt. Das klang nach einer großen Verantwortung!

Der erste Spielzug

Patrick stellte sich hinter den Center, der ihm gleich den Ball zuspielen würde.

„Bereit?" fragte Ben.

„Bereit!" rief Patrick.

Der Ball kam! Patrick hielt ihn fest und schaute sich um. Plötzlich sah er Ben weit vorne, winkend.

„Wirf zu mir!" rief Ben.

Patrick nahm einen tiefen Atemzug, holte aus und warf den Ball so weit er konnte.

Ben sprang hoch, fing den Ball – und rannte direkt in die Endzone!

„Touchdown!" riefen alle.

Patrick grinste. „Wow, das hat geklappt!"

Beim nächsten Spielzug war es schwieriger. Die Verteidiger kamen auf ihn zu!
„Oh nein, was mache ich jetzt?" dachte Patrick.
Da erinnerte er sich: „Ein Quarterback kann auch laufen!"
Schnell rannte er mit dem Ball selbst los, schlängelte sich zwischen den Spielern hindurch und schaffte 10 Yards nach vorne!
Seine Freunde jubelten. „Patrick, du wirst ein richtiger Quarterback!"
Am Ende des Spiels hatte Patrick viele kluge Entscheidungen getroffen: Mal warf er den Ball, mal übergab er ihn an einen Mitspieler und manchmal lief er selbst.
„Quarterback sein ist echt cool!" sagte Patrick stolz.
Ben klopfte ihm auf die Schulter. „Du hast heute wie ein echter Profi gespielt!"
Und von diesem Tag an wusste Patrick: Ein Quarterback muss nicht nur stark sein, sondern auch schlau denken!

Der Football und wie man ihn richtig fängt

Der Football sieht anders aus als ein runder Ball – er ist oval und hat spitze Enden. Dadurch fliegt er besonders schnell und weit, kann aber auch komisch springen. Damit ein Wurf erfolgreich wird, muss der Ball gut geworfen und sicher gefangen werden.

1. Warum sieht der Football so aus?
   - Durch seine Form kann man ihn genauer und weiter werfen.
   - Wenn er auf den Boden fällt, kann er ungewollt in alle Richtungen hüpfen.
   -
2. Wie fängt man einen Football richtig?
   - Hände richtig halten:
     - Kommt der Ball von oben, bildet man mit den Daumen und Zeigefingern ein Dreieck.
     - Kommt er tief, hält man die kleinen Finger nah beieinander.
   - Immer auf den Ball schauen, bis er sicher in den Händen ist.
   - Den Ball fest an den Körper drücken, damit er nicht aus der Hand rutscht oder ein Gegner ihn wegnehmen kann.
   -
3. Der Wurf hilft beim Fangen
   - Wenn der Ball sauber gedreht (Spiralwurf) wird, fliegt er stabiler.
   - Ein guter Pass kommt in die Fangzone des Spielers – also dorthin, wo er ihn leicht fangen kann.
   -

Fazit
Ein Football fliegt anders als ein normaler Ball, aber mit der richtigen Technik kannst du ihn super fangen. Übung macht den Meister!

Der geniale Catch

Patrick und Ben spielten wieder Football auf dem Sportplatz. Heute wollte Ben Patrick beibringen, wie man einen perfekten Catch macht.
„Ein Catch ist, wenn du den Ball in der Luft fängst, bevor er den Boden berührt", erklärte Ben.
Max nickte. „Das klingt einfach und bei dir sieht es auch immer so einfach aus!"
Ben grinste. „Dann probieren wir es mal!"

Der erste Versuch
Ben warf den Ball hoch in die Luft. Patrick streckte die Arme aus – doch der Ball rutschte ihm durch die Finger!
„Oh nein!" rief Patrick enttäuscht.
„Macht nichts!" sagte Ben. „Du musst deine Hände richtig positionieren und immer den Ball im Blick behalten."

Der zweite Versuch
Ben warf den Ball noch einmal. Diesmal konzentrierte sich Patrick.
Er fixierte den Ball mit den Augen, öffnete seine Hände – und schnappte ihn sich!
„Ja! Ich habe ihn gefangen!" rief Patrick stolz.
„Super!" sagte Ben. „Aber was passiert, wenn der Ball nicht direkt auf dich zufliegt?"

Der schwierige Catch
Plötzlich warf Ben den Ball viel weiter. Patrick rannte hinterher, sprang – und fing ihn mit einer Hand!
„Wooooow!" riefen alle.
„Das war ein richtiger spektakulärer Catch!" lobte Ben.

Patrick lachte. „Ich dachte, ich schaffe es nicht – aber ich habe es einfach probiert!"
Am Ende des Tages spielten sie ein echtes Match. Der letzte Spielzug: Ben warf den Ball hoch und weit in die Endzone.
Patrick sprintete los, sprang hoch – und fing den Ball genau im richtigen Moment!
„TOUCHDOWN!" riefen alle.
Patrick strahlte. „Catches machen richtig Spaß!"
Von diesem Tag an übte Patrick jeden Tag – und wurde ein echter Catch-Profi obwohl er auch die Position des Quaterback richtig gut konnte!

Runningback

Ein Runningback im American Football ist eine sehr wichtige Position. Der Runningback steht normalerweise hinter dem Quarterback, der der Spieler ist, der den Ball zu Beginn eines Spielzugs bekommt. Wenn der Spielzug beginnt, kann der Quarterback den Ball entweder werfen oder ihn dem Runningback übergeben.

Wenn der Runningback den Ball bekommt, ist es seine Aufgabe, so weit wie möglich zu laufen und dabei den gegnerischen Spielern auszuweichen, die versuchen, ihn zu stoppen. Der Runningback muss sehr schnell und wendig sein, um den Verteidigern zu entkommen. Außerdem muss er stark sein, um Tackles (das zu Boden bringen durch die Gegner) zu widerstehen.

Es gibt verschiedene Arten von Runningbacks:
- Halfback: Der Halfback ist oft der schnellste und wendigste Spieler im Team. Er versucht, durch die Lücken in der Verteidigung zu laufen und so viele Yards wie möglich zu gewinnen.

- Fullback: Der Fullback ist normalerweise größer und stärker als der Halfback. Seine Hauptaufgabe ist es, dem Halfback den Weg freizublocken, indem er die Verteidiger aus dem Weg räumt. Manchmal trägt der Fullback auch selbst den Ball.

Runningbacks müssen auch gut darin sein, Pässe zu fangen. Manchmal wirft der Quarterback den Ball zu ihnen, wenn sie in einer guten Position sind, um weiterzulaufen.

Zusammengefasst ist der Runningback ein vielseitiger Spieler, der sowohl laufen, blocken als auch Pässe fangen muss. Er spielt eine Schlüsselrolle im Angriff seines Teams und kann oft den Unterschied zwischen einem erfolgreichen und einem erfolglosen Spielzug ausmachen.

Der schnelle Runningback

Es war einmal ein Junge namens Patrick, der es liebte, American Football zu spielen. Patrick war sehr schnell und konnte gut rennen. Eines Tages fragte ihn sein Trainer, ob er die Position des Runningbacks übernehmen möchte. Patrick war begeistert und sagte sofort ja!
Am nächsten Tag hatte Patrick's Team ein großes Spiel. Alle waren aufgeregt, und Patrick konnte es kaum erwarten, auf das Spielfeld zu laufen. Der Trainer erklärte dem Team den Plan: Der Quarterback würde den Ball an Patrick übergeben, und Patrick sollte so weit wie möglich laufen, um Punkte zu erzielen.
Das Spiel begann, und es war sehr spannend. Die Zuschauer jubelten, und die Spieler gaben ihr Bestes. Als es endlich Zeit für Patrick's großen Moment war, bekam er den Ball vom Quarterback. Patrick rannte so schnell er konnte. Er sah die gegnerischen Spieler auf sich zukommen, aber er war flink und wendig. Mit einem schnellen Haken nach links und einem Sprung nach rechts entkam er den Verteidigern.
Die Menge jubelte laut, als Patrick weiterlief. Er spürte den Wind in seinen Haaren und das Gras unter seinen Füßen. Schließlich erreichte er die Endzone und erzielte einen Touchdown! Sein Team und die Zuschauer jubelten vor Freude. Patrick war überglücklich und stolz auf sich.
Nach dem Spiel lobte der Trainer Patrick und sagte: "Du warst großartig, Patrick! Du hast gezeigt, was ein echter Runningback kann." Patrick lächelte und wusste, dass er seine Mannschaft nicht nur durch seine Schnelligkeit, sondern auch durch seinen Mut und seine Entschlossenheit unterstützt hatte.
Von diesem Tag an war Patrick der Held seines Teams und spielte weiterhin als Runningback. Er wusste, dass er mit harter Arbeit und Teamgeist alles erreichen konnte.

Wide Receiver

Ein Wide Receiver (gesprochen: Waid Riesiever) ist ein Spieler im American Football, der sehr schnell rennen und gut fangen kann. Er ist ein wichtiger Teil des Teams, weil er oft die meisten Punkte erzielt. Der Wide Receiver steht am Anfang des Spiels weit weg von den anderen Spielern, daher kommt auch sein Name "Wide", was "weit" bedeutet.

Hier sind die Hauptaufgaben eines Wide Receivers:
Laufen: Der Wide Receiver muss schnell und geschickt über das Spielfeld rennen. Er folgt bestimmten Wegen, die ihm vorher vom Trainer erklärt wurden. Diese Wege nennt man "Routen".

Fangen: Während der Wide Receiver läuft, wirft ihm der Quarterback (das ist der Spieler, der den Ball wirft) den Ball zu. Der Wide Receiver muss gut fangen können, damit er den Ball sicher in seinen Händen hält.

Punkte machen: Sobald der Wide Receiver den Ball gefangen hat, versucht er so weit wie möglich zu laufen, ohne dass die Spieler des anderen Teams ihn stoppen. Wenn er es schafft, bis ans Ende des Spielfelds zu laufen, macht er einen "Touchdown" und sein Team bekommt viele Punkte.

Stell dir vor, der Wide Receiver ist wie ein schneller Läufer in einem Rennen, der gleichzeitig einen Ball fangen muss. Er trägt einen Helm und spezielle Schutzkleidung, damit er sicher bleibt, wenn die anderen Spieler versuchen, ihn zu stoppen.

Das große Spiel als Wide Receiver

Es war ein sonniger Samstagmorgen, und Patrick war aufgeregt. Heute war das große Football-Spiel, und er durfte als Wide Receiver spielen! Patrick liebte es, Football zu spielen, und er hatte hart trainiert, um bereit zu sein.

Als das Spiel begann, war Patrick ein bisschen nervös. Aber als er das Spielfeld betrat und seine Freunde sah, die ihn anfeuerten, fühlte er sich mutig und bereit. Der Quarterback, Tom, rief den Spielzug und Patrick wusste, dass es seine Chance war. Tom warf den Ball hoch in die Luft, und Patrick rannte so schnell er konnte. Er hielt die Augen auf den Ball gerichtet und streckte die Hände aus. Mit einem großen Sprung fing er den Ball sicher in seinen Händen! Die Menge jubelte laut, und Patrick fühlte sich wie ein echter Held.

Aber das Spiel war noch nicht vorbei. Patrick musste noch weiterlaufen, um einen Touchdown zu erzielen. Er rannte an den Verteidigern vorbei, sprang über einen anderen Spieler und lief direkt in die Endzone. Touchdown! Patrick hatte es geschafft! Seine Teamkameraden kamen angerannt und hoben ihn hoch in die Luft. Patrick war so glücklich und stolz. Er wusste, dass all das Training und die harte Arbeit sich gelohnt hatten. An diesem Tag lernte Patrick, dass man mit Mut, Teamarbeit und Entschlossenheit alles erreichen kann.

Nach dem Spiel ging Patrick zu seinen Eltern, die ihn stolz umarmten. "Du warst großartig, Patrick!", sagte sein Vater. "Wir sind so stolz auf dich!", fügte seine Mutter hinzu. Patrick lächelte breit und fühlte sich wie der glücklichste Junge der Welt.

In der nächsten Woche erzählte Patrick seinen Freunden in der Schule von seinem großen Spiel. Sie waren alle beeindruckt und wollten mehr über Football lernen. Patrick beschloss, ihnen zu helfen und organisierte ein kleines Training nach der Schule. Er zeigte ihnen, wie man den Ball fängt, wie man richtig läuft und wie man als Team zusammenarbeitet.

Bald darauf hatten sie ihr eigenes kleines Spiel auf dem Schulhof. Patrick war wieder der Wide Receiver und seine Freunde spielten verschiedene Positionen. Sie hatten viel Spaß und lernten, wie wichtig Teamarbeit und Freundschaft sind.

Am Ende des Tages saßen sie alle zusammen und lachten über die lustigen Momente des Spiels. Patrick wusste, dass er nicht nur ein großartiger Football-Spieler war, sondern auch ein guter Freund und Teamkollege. Er freute sich schon auf das nächste große Spiel und die Abenteuer, die noch kommen würden.

Ein Touchdown ist das Hauptziel eines jeden Teams im American Football und ein sehr aufregender Moment im Spiel. Stell dir vor, das Spielfeld ist wie ein großes Rechteck, und an jedem Ende gibt es eine Endzone. Die Endzone ist der Bereich, in den die Spieler den Ball bringen müssen, um Punkte zu erzielen.

Ein Touchdown passiert, wenn ein Spieler den Ball in die Endzone des gegnerischen Teams bringt. Das kann auf verschiedene Arten geschehen:

1. Laufen: Ein Spieler, wie zum Beispiel der Runningback, bekommt den Ball und rennt so schnell er kann in die Endzone. Dabei muss er den gegnerischen Spielern ausweichen, die versuchen, ihn zu stoppen.
2. Fangen: Der Quarterback, der den Ball zu Beginn eines Spielzugs bekommt, wirft den Ball zu einem Mitspieler, der in der Endzone steht. Wenn der Mitspieler den Ball fängt, bevor er den Boden berührt, zählt das als Touchdown.

Wenn ein Team einen Touchdown erzielt, bekommt es sechs Punkte. Aber das ist noch nicht alles! Nach dem Touchdown hat das Team die Möglichkeit, noch zusätzliche Punkte zu erzielen. Das nennt man den Extrapunkt oder die Two-Point Conversion:

- Extrapunkt: Das Team kann versuchen, den Ball durch die Torstangen zu kicken. Wenn der Kick erfolgreich ist, bekommt das Team einen zusätzlichen Punkt.

- Two-Point Conversion: Statt zu kicken, kann das Team versuchen, den Ball noch einmal in die Endzone zu bringen, entweder durch Laufen oder durch einen Pass. Wenn das gelingt, bekommt das Team zwei zusätzliche Punkte.

Ein Touchdown ist also ein sehr wichtiger und spannender Teil des Spiels, weil er viele Punkte bringt und das Team dem Sieg näher bringt. Die Spieler und die Zuschauer freuen sich immer sehr, wenn ein Touchdown erzielt wird, weil es oft das Ergebnis von harter Arbeit und guter Teamarbeit ist.

Der große Touchdown

Patrick war ein ganz normaler Junge, aber wenn er auf dem Football-Feld stand, fühlte er sich wie ein echter Champion. Seit er denken konnte, hatte er davon geträumt, einmal den spielentscheidenden Touchdown für sein Team zu erzielen. Heute war dieser große Tag gekommen: Das Meisterschaftsspiel!

Die Tribünen waren voll, die Zuschauer jubelten, und das Spiel war spannender als je zuvor. Sein Team, die Löwen, lag mit nur drei Punkten zurück. Es blieben noch zehn Sekunden auf der Uhr, und sie standen kurz vor der Endzone. Patrick wusste: Das war seine Chance!

Der Quarterback rief den Spielzug. Patrick stellte sich auf, atmete tief durch und rannte los. Der Ball wurde geworfen – ein weiter, hoher Pass direkt in seine Richtung! Er sprintete, sprang – und fing den Ball gerade noch rechtzeitig! Doch ein Verteidiger der Adler, der gegnerischen Mannschaft, kam auf ihn zugerannt.

Patrick spürte, wie sein Herz schneller schlug. Er machte einen schnellen Haken nach links, dann einen Sprung nach rechts – und ließ seinen Gegner hinter sich! Nur noch wenige Meter bis zur Endzone. Die Zuschauer hielten den Atem an. Mit einem letzten großen Satz sprang Patrick über die Linie – Touchdown!

Der Schiedsrichter hob die Arme: "Touchdown! Die Löwen gewinnen die Meisterschaft!" Das Stadion explodierte vor Jubel. Seine Teamkameraden rannten auf ihn zu, hoben ihn in die Luft und feierten ihren neuen Helden. Patrick konnte es kaum glauben – sein Traum war wahr geworden!

Von diesem Tag an wusste er, dass man mit Mut, Entschlossenheit und einem großen Herzen alles schaffen konnte. Und wer weiß? Vielleicht würde er eines Tages sogar in der Profiliga spielen!

Fumble

Ein Fumble passiert, wenn ein Spieler den Ball verliert, während er ihn trägt oder versucht, ihn zu fangen. Das bedeutet, dass der Ball auf den Boden fällt und jeder Spieler auf dem Spielfeld versuchen kann, ihn zu erobern.

Stell dir vor, du spielst mit einem Ball und plötzlich rutscht er dir aus den Händen und fällt auf den Boden. Das ist ein Fumble! Im American Football ist es wichtig, den Ball gut festzuhalten, damit so etwas nicht passiert.

Ein Fumble kann auf verschiedene Arten passieren:

Beim Laufen mit dem Ball: Wenn ein Spieler den Ball trägt und ihn nicht fest genug hält, kann ein Verteidiger ihn schlagen und der Ball fällt heraus.

Beim Fangen des Balls: Manchmal versucht ein Spieler, den Ball zu fangen, aber er rutscht ihm aus den Händen, bevor er ihn sicher festhalten kann.

Beim Passspiel: Wenn der Quarterback den Ball an einen anderen Spieler übergibt und dieser den Ball nicht richtig aufnimmt, kann es zu einem Fumble kommen.

Wenn ein Fumble passiert, gibt es zwei Möglichkeiten:

Das angreifende Team erobert den Ball zurück: Wenn ein Spieler des Teams, das den Ball verloren hat, ihn wieder aufnimmt, können sie das Spiel fortsetzen.

Das verteidigende Team erobert den Ball: Wenn ein Spieler des gegnerischen Teams den Ball aufnimmt, wechselt der Ballbesitz und das verteidigende Team bekommt die Chance, anzugreifen.

Ein Fumble kann das Spiel sehr spannend machen, weil es eine unerwartete Wendung bringt. Man weiß nie, welches Team den Ball als nächstes bekommt! Deshalb ist es für die Spieler sehr wichtig, den Ball sicher zu halten und gut aufzupassen.

Ein berühmtes Beispiel für einen Fumble ist der "Fumble-Rooski", ein Trickspielzug, bei dem der Ball absichtlich auf den Boden gelegt wird, um die Verteidigung zu verwirren. Solche Spielzüge zeigen, wie kreativ und aufregend American Football sein kann!

Der unerwartete Fumble

Es war ein kühler Herbstnachmittag, und Patrick war bereit für ein weiteres spannendes Football-Spiel. Heute spielte seine Mannschaft gegen die "Blitz-Bären", ein starkes Team, das für seine harte Verteidigung bekannt war. Patrick war wieder als Wide Receiver aufgestellt und freute sich auf das Spiel.

Das Spiel begann und beide Teams kämpften hart. Es war ein enges Spiel, und die Zuschauer feuerten lautstark an. Im dritten Viertel stand es unentschieden, und Patrick wusste, dass sie etwas Besonderes tun mussten, um das Spiel zu gewinnen.

Der Quarterback, Tom, rief einen Spielzug, bei dem Patrick den Ball fangen und so viele Yards wie möglich machen sollte. Tom warf den Ball hoch in die Luft, und Patrick rannte los. Er sprang und fing den Ball sicher in seinen Händen. Doch plötzlich kam ein Verteidiger der Blitz-Bären von der Seite und schlug den Ball aus Patricks Händen. Der Ball fiel auf den Boden – ein Fumble!

Patrick war schockiert. Er wusste, dass ein Fumble das Spiel verändern konnte. Schnell reagierte er und warf sich auf den Ball, aber ein Spieler der Blitz-Bären war schneller und schnappte sich den Ball. Die Blitz-Bären jubelten, und Patrick fühlte sich enttäuscht.

Doch Patrick gab nicht auf. Er wusste, dass das Spiel noch nicht vorbei war. Er ging zu seinen Teamkameraden und sagte: "Wir können das schaffen! Lasst uns kämpfen und den Ball zurückholen!" Seine Entschlossenheit und sein Mut inspirierten das ganze Team.

Die Verteidigung von Patricks Team spielte nun mit voller Energie. Sie stoppten die Blitz-Bären und zwangen sie, den Ball zu kicken. Patrick und seine Teamkameraden bekamen eine neue Chance. Der Ball wurde wieder an Tom übergeben, und diesmal war Patrick entschlossener denn je.

Tom warf den Ball erneut zu Patrick, und er fing ihn sicher. Er rannte so schnell er konnte, wich den Verteidigern aus und lief direkt in die Endzone. Touchdown! Die Menge jubelte laut, und Patrick fühlte sich wie ein Held.

Am Ende gewannen Patricks Team das Spiel, und alle feierten zusammen. Patrick lernte an diesem Tag, dass man auch nach einem Fehler nicht aufgeben sollte. Mit Mut, Entschlossenheit und Teamarbeit kann man jede Herausforderung meistern.

Quaterback Sack

Ein Quarterback Sack ist ein aufregender Moment im American Football. Stell dir vor, der Quarterback ist der Spieler, der den Ball wirft und die Spielzüge der Mannschaft leitet. Er steht hinter der Linie seiner Mitspieler und wartet darauf, den Ball zu bekommen, um ihn entweder zu werfen oder einem anderen Spieler zu übergeben. Nun gibt es in der Verteidigung Spieler, die versuchen, den Quarterback zu stoppen, bevor er den Ball werfen kann. Diese Spieler stürmen auf den Quarterback zu, sobald das Spiel beginnt. Ein Sack passiert, wenn einer dieser Verteidiger den Quarterback packt und zu Boden bringt, bevor er den Ball loswerden kann.

Wenn der Quarterback gesackt wird, verliert seine Mannschaft oft einige Meter auf dem Spielfeld. Das bedeutet, dass sie weiter weg von der Linie sind, die sie überqueren müssen, um einen neuen Versuch zu bekommen. Es wird also schwieriger für sie, Punkte zu erzielen.

Ein Sack ist also ein großer Erfolg für die Verteidigung und ein Rückschlag für die angreifende Mannschaft. Es ist, als ob jemand versucht, einen Freund zu fangen, bevor er den Ball zu einem anderen Freund werfen kann. Wenn die Verteidigung den Quarterback sackt, jubeln die Fans der Verteidigung, weil es ihre Mannschaft in eine bessere Position bringt.

Quaterback Sack

Patrick war schon seit einigen Jahren ein begeisterter American Football-Spieler. Er spielte in der Verteidigung und war bekannt für seine Schnelligkeit und seine Fähigkeit, den Quarterback der gegnerischen Mannschaft zu stoppen. Heute stand ein wichtiges Spiel an, und Patrick war fest entschlossen, sein Bestes zu geben.
Das Stadion war voll, und die Fans jubelten laut, als die beiden Mannschaften das Feld betraten. Patrick und seine Teamkollegen waren bereit, alles zu geben. Das Spiel begann, und die gegnerische Mannschaft hatte den Ball. Der Quarterback der anderen Mannschaft war bekannt für seine schnellen Pässe und seine Fähigkeit, dem Druck der Verteidigung zu entkommen.
Patrick beobachtete den Quarterback genau. Er wusste, dass er den richtigen Moment abwarten musste, um zuzuschlagen. Die gegnerische Mannschaft bereitete sich auf einen langen Pass vor, und Patrick sah seine Chance. Blitzschnell brach er durch die Linie der Offense und rannte auf den Quarterback zu.
Der Quarterback bemerkte Patrick zu spät. Bevor er den Ball werfen konnte, packte Patrick ihn und brachte ihn mit einem kräftigen Tackle zu Boden. Die Menge jubelte laut, und Patrick hörte den Schiedsrichter das Zeichen für einen Sack geben.
Patrick sprang auf und klatschte mit seinen Teamkollegen ab. Es war ein großartiger Moment, und er fühlte sich stolz auf seine Leistung. Sein Trainer klopfte ihm auf die Schulter und lobte ihn für den perfekten Spielzug.
Das Spiel ging weiter, und Patrick und seine Mannschaft kämpften hart. Am Ende gewannen sie das Spiel, und Patrick wurde als einer der besten Spieler des Tages gefeiert. Er wusste, dass all das Training und die harte Arbeit sich ausgezahlt hatten.
Nach dem Spiel ging Patrick zu seinen Eltern, die stolz auf ihn warteten. "Du warst großartig, Patrick!" sagte sein Vater. "Dieser Sack war unglaublich!"
Patrick lächelte und fühlte sich glücklich. Er liebte American Football und freute sich darauf, noch viele weitere spannende Spiele zu erleben. Und wer weiß, vielleicht würde er eines Tages in der Profiliga spielen und noch viele weitere Quarterback Sacks erleben.

Field Goal

Field Goal

Stell dir vor, dein Team hat den Ball und ist ganz nah an der Endzone, aber es ist zu schwierig, einen Touchdown zu machen. Was jetzt? Dann kommt das Field Goal ins Spiel!

Ein Field Goal ist ein besonderer Schuss, bei dem der Ball durch die Torstangen geschossen wird – so ähnlich wie beim Fußball, aber mit hohen gelben Pfosten. Wenn der Kicker den Ball sauber trifft und er zwischen den beiden Stangen hindurchfliegt, gibt es 3 Punkte für das Team!

Wann wird ein Field Goal gemacht?

- Wenn das Team nicht nah genug für einen Touchdown ist, aber trotzdem Punkte sammeln möchte.
- Meistens beim vierten Versuch (das ist die letzte Chance im Angriff).
- Kurz vor Ende des Spiels, wenn ein Team schnell Punkte braucht, um zu gewinnen.

Wie funktioniert es?

1. Ein Spieler, der Holder, hält den Ball auf dem Boden.
2. Der Kicker läuft an und tritt mit voller Kraft gegen den Ball.
3. Der Ball fliegt in die Luft – alle schauen gespannt!
4. Wenn er zwischen den Torstangen durchgeht, ruft der Schiedsrichter: „Good!" – das heißt, der Schuss war erfolgreich!

Manchmal kann ein Field Goal sogar das entscheidende Tor sein, um das Spiel zu gewinnen!

Merke:
- Touchdown = 6 Punkte
- Field Goal = 3 Punkte
- Extrapunkt nach einem Touchdown = 1 Punkt (wenn der Ball durch die Torstangen geht)

Jetzt weißt du, warum das Field Goal so wichtig ist! Vielleicht siehst du beim nächsten Football-Spiel, wie ein Team genau diese 3 Punkte braucht, um den Sieg zu holen!

Das entscheidende Field Goal

Patrick konnte es kaum glauben. Noch 10 Sekunden auf der Uhr, sein Team, die Löwen, lag mit zwei Punkten zurück, und sie waren nicht nah genug an der Endzone für einen Touchdown. Die einzige Chance war ein Field Goal. Aber es gab ein Problem:
Ihr Kicker war verletzt!
„Patrick, du musst kicken!", rief der Trainer.
Patrick war eigentlich Wide Receiver, also jemand, der Bälle fängt, nicht tritt! Aber früher hatte er oft zum Spaß aufs Tor geschossen. Jetzt war er die einzige Hoffnung seines Teams.
Er atmete tief durch und trat aufs Feld. Der Ball wurde hingelegt. Das ganze Stadion hielt den Atem an.
„Konzentrier dich, Patrick!", rief sein bester Freund Max.
Der Holder nickte ihm zu. „Bereit?"
Patrick lief an. Bumm! Sein Fuß traf den Ball genau richtig. Der Ball segelte in die Luft...
Fliegt er rein? Oder daneben?
Er fliegt... er fliegt... und durch die Torstangen!
Das Stadion explodierte vor Jubel!
„Das Field Goal ist gut! Die Löwen gewinnen!"
Patrick wurde von seinen Teamkollegen hochgehoben. Er, der sonst nur Pässe fing, war heute der Held!
Von diesem Tag an wusste Patrick: Manchmal kommen die größten Chancen dann, wenn man sie am wenigsten erwartet.

Der Safety

Stell dir vor, ein Team hat den Ball und will angreifen. Aber anstatt nach vorne zu kommen, passiert etwas ganz Schlimmes für sie – sie werden in ihrer eigenen Endzone gestoppt!
Das nennt man einen „Safety"!
Wann passiert ein Safety?
Ein Safety passiert, wenn...
- Der Ballträger mit dem Ball in seiner eigenen Endzone zu Boden gebracht wird.
- Der Quarterback in der Endzone gestoppt wird, während er versucht, einen Pass zu werfen.
- Der Ball ins Aus geht (z. B. durch ein Fumble oder einen schlechten Snap), während das Team in der eigenen Endzone steht.

Was passiert dann?
Das andere Team bekommt 2 Punkte!
Das Team, das den Safety verursacht hat, muss danach einen besonderen Freistoß (Punt oder Kickoff) ausführen, und das andere Team bekommt den Ball.
Warum ist ein Safety so besonders?
Ein Safety passiert nicht oft, aber wenn er passiert, kann er sehr wichtig sein! Ein Team kann durch einen Safety das Spiel drehen oder sogar gewinnen!
Nächstes Mal, wenn du ein Football-Spiel schaust, pass auf! Vielleicht siehst du ein Team in Schwierigkeiten – und dann plötzlich: SAFETY!

Der unerwartete Safety

Patrick liebte es, als Wide Receiver auf dem Feld zu stehen, Pässe zu fangen und Touchdowns zu machen. Doch an diesem Tag war alles anders.
Kurz vor Spielbeginn kam der Trainer zu ihm und sagte:
„Patrick, wir brauchen dich heute in der Verteidigung. Einige unserer Spieler sind verletzt."
Patrick war überrascht. Verteidigung? Das war nicht seine Position! Aber er wollte sein Team nicht im Stich lassen. Also nickte er mutig. „Ich versuche es!"
Das Spiel war hart. Die Adler, das gegnerische Team, führten mit einem Punkt, und nur noch zwei Minuten waren auf der Uhr. Sie standen tief in ihrer eigenen Hälfte und wollten sich einfach nur aus der gefährlichen Zone befreien.
Patrick bekam eine klare Anweisung vom Trainer: „Lass sie nicht nach vorne kommen!"
Der Quarterback der Adler bekam den Ball und suchte nach einem freien Mitspieler.
Patrick sprintete los – er hatte sich genau gemerkt, wohin die Adler immer wieder spielten. Plötzlich rutschte der Quarterback leicht aus!
Jetzt war Patricks Moment gekommen!
Er stürzte sich mit voller Kraft nach vorne, riss den Quarterback in der Endzone zu Boden – BOOM!
Der Schiedsrichter pfiff laut und rief:
„SAFETY! ZWEI PUNKTE FÜR DIE LÖWEN!"
Das Stadion tobte! Dank Patrick führte sein Team plötzlich mit einem Punkt und bekam sogar den Ball zurück. Die letzten Sekunden verstrichen, und die Löwen gewannen das Spiel!
Nach dem Abpfiff kam der Trainer lachend zu Patrick:
„Ich wusste, dass du es schaffst! Vielleicht bist du doch ein Verteidiger!"
Patrick grinste. Heute hatte er bewiesen, dass man manchmal aus der eigenen Komfortzone heraustreten muss, um ein echter Champion zu sein.

Huddle – Die geheime Besprechung auf dem Spielfeld!

Stell dir vor, du spielst mit deinen Freunden ein Teamspiel, bei dem ihr gemeinsam eine Strategie braucht – aber die Gegner dürfen nicht hören, was ihr vorhabt!
Genau dafür gibt es im American Football den Huddle. Ein Huddle ist eine kurze Besprechung, bei der sich die Spieler in einem Kreis versammeln, um den nächsten Spielzug zu planen.
Warum gibt es den Huddle?
- Geheimhaltung – Damit das gegnerische Team nicht herausfindet, welchen Trick das Team als Nächstes versucht.
- Absprache – Jeder Spieler muss genau wissen, was er tun soll, damit das Team gut zusammenspielt.
- Motivation – Manchmal feuern sich die Spieler im Huddle gegenseitig an, um noch stärker zu kämpfen!
Wer spricht im Huddle?
 Meistens redet der Quarterback, weil er der Anführer des Angriffs ist. Er nennt den Spielzug, den das Team spielen wird.
   Die anderen Spieler hören genau zu, damit jeder seine Aufgabe kennt.
   Manchmal gibt der Trainer dem Quarterback die Anweisungen über ein Headset ins Ohr.
Wie lange dauert ein Huddle?
   Der Huddle darf nicht zu lange dauern, sonst bekommt das Team eine Strafe! In der Regel dauert er nur ein paar Sekunden, dann laufen die Spieler auf ihre Positionen, und das Spiel geht weiter.
Besondere Arten von Huddles
   No-Huddle-Offense: Manchmal hat ein Team keine Zeit für einen Huddle, weil sie schnell spielen müssen. Dann ruft der Quarterback den Spielzug direkt auf dem Spielfeld zu.
    Huddle für Motivation: Manchmal machen die Spieler einen Huddle vor dem Spiel oder in einer Pause, um sich gegenseitig Mut zu machen!
Der Huddle macht das Team stark!
Ein guter Huddle bedeutet, dass alle Spieler genau wissen, was sie tun müssen. So kann das Team gemeinsam Punkte erzielen und das Spiel gewinnen!
Wenn du das nächste Mal ein Football-Spiel siehst, achte darauf – nach jedem Spielzug gibt es meistens einen neuen Huddle!

Huddle

Der entscheidende Huddle

Das Spiel war extrem spannend. Die Seeadler spielten gegen die Löwen, und es waren nur noch 20 Sekunden auf der Uhr. Die Seeadler lagen mit vier Punkten zurück und hatten nur noch eine letzte Chance, um das Spiel zu gewinnen.
„TIMEOUT!" rief der Trainer laut. Die Schiedsrichter pfiffen, und die Spieler rannten zur Seitenlinie.
Patrick war nervös. Sie waren kurz vor der Endzone, aber die Verteidigung der Löwen war stark. Wie sollten sie jetzt den Touchdown schaffen?
Der Trainer nahm Patrick und die anderen Offensivspieler zur Seite. „Hört zu, Jungs! Ihr habt nur noch einen Versuch! Wir brauchen einen perfekten Spielzug. Also konzentriert euch!"
Dann liefen sie zurück auf das Feld und bildeten einen Huddle. Alle Spieler standen eng zusammen. Der Quarterback schaute Patrick direkt an und sagte:
„Patrick, du bist unser bester Wide Receiver. Ich werde dir den Ball in die Ecke der Endzone werfen. Aber du musst dich freilaufen. Bist du bereit?"
Patrick schluckte. Alles hing von ihm ab. Er atmete tief durch, dann nickte er entschlossen. „Ich schaffe das!"
„Auf drei brechen wir auf. 1… 2… 3… SEEADLER!"
Sie liefen auseinander und nahmen ihre Positionen ein. Der Quarterback bekam den Ball, Patrick sprintete los. Die Verteidiger der Adler versuchten, ihn zu blockieren, aber er täuschte einen Haken nach innen an und lief dann blitzschnell nach außen.
Der Ball flog!
Patrick sprang hoch, streckte die Arme aus – und fing ihn! TOUCHDOWN!
Das Stadion tobte! Die Seeadler hatten das Spiel gewonnen! Seine Teamkollegen rannten zu ihm, hoben ihn hoch und jubelten.
Der Quarterback klopfte ihm auf die Schulter und grinste:
„Ohne unseren Huddle hätten wir das niemals geschafft!"
Patrick lächelte. Jetzt wusste er, wie wichtig ein guter Huddle war – nicht nur für den Plan, sondern auch für den Zusammenhalt des Teams!

Der Locker Room – Die geheime Welt der Spieler!

Hast du dich jemals gefragt, wo sich die Football-Spieler vor und nach dem Spiel aufhalten? Wo ziehen sie ihre Ausrüstung an? Wo besprechen sie ihre Taktik? Und wo feiern sie ihren Sieg oder überlegen sich, wie sie besser spielen können?
👉 Das ist der „Locker Room" – die Umkleidekabine!
Was passiert im Locker Room?
• Vor dem Spiel: Die Spieler ziehen ihre Helme, Schulterpolster und Trikots an. Der Trainer hält eine motivierende Ansprache, damit sich alle auf das Spiel konzentrieren. Manchmal besprechen sie auch den Spielplan oder feuern sich gegenseitig an.
• In der Halbzeitpause: Die Spieler kommen in die Kabine, um kurz zu verschnaufen. Der Trainer gibt neue Anweisungen, wenn etwas nicht gut läuft, oder lobt das Team, wenn sie gut spielen. Sie trinken Wasser, ruhen sich aus und bereiten sich auf die zweite Hälfte vor.
• Nach dem Spiel: Egal ob Sieg oder Niederlage – hier kommen alle zusammen.
  Wenn das Team gewinnt, feiern sie laut mit Musik, tanzen und jubeln!
  Wenn das Team verliert, trösten sie sich gegenseitig und überlegen, was sie beim nächsten Mal besser machen können.
Warum ist der Locker Room so wichtig?
   Hier wird aus einzelnen Spielern ein echtes Team!
   Hier bespricht man geheime Taktiken!
   Hier feuert man sich an und bleibt zusammen – egal, ob man gewinnt oder verliert!
Manchmal kann man im Fernsehen sehen, wie ein Team nach einem großen Sieg in der Kabine feiert. Vielleicht hast du schon einmal gesehen, wie ein Trainer eine große Siegesrede hält und alle Spieler jubeln!
Der Locker Room ist mehr als nur eine Umkleidekabine – es ist der Ort, an dem ein Team zusammenwächst!

Locker Room

Die magische Kraft des Locker Rooms

Es war das größte Spiel der Saison. Die Seeadler standen im Finale und spielten gegen die starken Panther. Doch nach der ersten Hälfte sah es nicht gut aus: Die Seeadler lagen mit 14:3 zurück, und Patrick fühlte sich müde und frustriert.
Als die Halbzeit begann, liefen alle in den Locker Room – die Umkleidekabine. Patrick setzte sich auf die Bank, nahm seinen Helm ab und atmete tief durch. Wie sollten sie dieses Spiel noch gewinnen?
„Hey, Kopf hoch!", sagte sein Freund Luke und klopfte ihm auf die Schulter. „Wir sind noch nicht fertig!"
Der Trainer kam in die Kabine und stellte sich vor die Mannschaft. Alle wurden still. „Jungs, erinnert ihr euch an all das harte Training? An die Nächte, an denen wir uns vorbereitet haben? Wir sind hier, weil wir als Team kämpfen! Und wir geben niemals auf!"
Die Spieler schauten sich an – plötzlich war da wieder Hoffnung.
Dann meldete sich der Quarterback zu Wort: „Wir ändern den Plan! Patrick, du bist schnell. Wir machen mehr Pässe auf dich. Bist du bereit?"
Patrick spürte, wie sein Herz schneller schlug. Vor ein paar Minuten hatte er sich noch schlecht gefühlt, aber jetzt brannte er vor Energie. „Ja! Ich bin bereit!"
„Seeadler AUF DREI! EINS, ZWEI, DREI – SEEADLER!" rief das ganze Team laut.
Mit neuer Kraft stürmten sie zurück aufs Feld – und spielten wie noch nie zuvor! Patrick fing einen langen Pass und machte einen Touchdown. Dann erzwang die Verteidigung einen Ballverlust. Wenige Sekunden vor Schluss war es Patrick, der den entscheidenden Sieg-Touchdown machte!
Als das Spiel vorbei war, liefen sie jubelnd zurück in den Locker Room. Wasserflaschen wurden in die Luft gespritzt, Musik wurde laut aufgedreht, und alle lachten und feierten.
Der Trainer kam noch einmal herein, schaute Patrick an und sagte:
„Siehst du, Patrick? Manchmal brauchst du nur eine kleine Erinnerung daran, was du kannst. Der Locker Room ist nicht nur eine Umkleide – er ist der Ort, an dem Champions gemacht werden!"
Patrick grinste. Heute hatte er gelernt, dass ein Team niemals aufgibt – und dass ein guter Huddle im Locker Room ein Spiel verändern kann!

Das Feiern nach einem Sieg im American Football ist ein aufregender und freudiger Moment für die Spieler, Trainer und Fans. Hier sind einige der typischen Arten, wie ein Team nach einem Sieg feiert:

1. Jubel auf dem Spielfeld: Sobald das Spiel vorbei ist und das Team gewonnen hat, stürmen die Spieler oft auf das Spielfeld, um zu jubeln. Sie umarmen sich, springen vor Freude und klatschen sich gegenseitig ab. Manchmal werfen sie auch ihre Helme in die Luft.
2. Teamhuddle: Die Spieler versammeln sich in einem Kreis, oft mit dem Trainer in der Mitte, und feiern gemeinsam. Sie rufen motivierende Worte, singen Teamlieder oder machen spezielle Jubelrufe.
3. Gatorade-Dusche: Ein beliebter Brauch im American Football ist die Gatorade-Dusche. Dabei nehmen einige Spieler einen großen Behälter mit Gatorade (oder Wasser) und schütten ihn über den Trainer, um den Sieg zu feiern. Das ist eine lustige und erfrischende Art, den Erfolg zu genießen.
4. Siegesparade: Nach besonders wichtigen Siegen, wie zum Beispiel dem Gewinn eines Meisterschaftsspiels, kann es eine Siegesparade geben. Die Spieler fahren auf Wagen durch die Stadt, winken den Fans zu und zeigen stolz ihre Trophäen.
5. Feiern in der Umkleidekabine: Nach dem Spiel geht die Feier in der Umkleidekabine weiter. Die Spieler tanzen, singen und genießen den Moment. Oft gibt es auch Reden vom Trainer oder den Teamkapitänen, die den Sieg und die harte Arbeit des Teams loben.
6. Medieninterviews: Nach dem Spiel geben die Spieler und Trainer oft Interviews, in denen sie über das Spiel und den Sieg sprechen. Sie bedanken sich bei den Fans für ihre Unterstützung und teilen ihre Freude über den Erfolg.
7. Feiern mit den Fans: Die Spieler nehmen sich oft Zeit, um mit den Fans zu feiern. Sie geben Autogramme, machen Fotos und bedanken sich für die Unterstützung während der Saison.

Das Feiern nach einem Sieg ist ein wichtiger Teil des Sports, weil es die harte Arbeit und den Teamgeist belohnt. Es ist ein Moment, in dem alle zusammenkommen, um den Erfolg zu genießen und sich auf die nächsten Herausforderungen vorzubereiten.

Die große Siegesfeier

Die große Siegesfeier

Der Schlusspfiff war kaum ertönt, da stürmten Patricks Teamkameraden auf ihn zu. Die Seeadler waren Meister! Die Fans jubelten, das Stadion bebte, und Patrick konnte kaum glauben, was gerade passiert war. Sein entscheidender Touchdown hatte den Sieg gebracht – sein Traum war wahr geworden!
Als die Spieler sich in der Kabine versammelten, brach großer Jubel aus. Der Trainer klopfte Patrick auf die Schulter und rief:
„Jungs, wir haben es geschafft! Ihr seid echte Champions!"
Plötzlich spritzte Wasser durch die Luft – einer der Spieler hatte eine Wasserflasche hochgeworfen, und im nächsten Moment begann eine riesige Wasserschlacht! Alle lachten, rutschten über den Boden und feierten ausgelassen.
Dann ging es zur Siegerehrung. Das ganze Team stellte sich auf, und der Kapitän durfte den großen Pokal in die Luft heben. Konfetti regnete auf sie herab, und die Fans riefen ihren Namen. Patrick konnte sein Glück kaum fassen – er hielt eine goldene Medaille in den Händen!
Doch die Feier war noch lange nicht vorbei. Am Abend gab es ein großes Fest für die Mannschaft. Ein riesiger Tisch war mit Essen gedeckt: Pizza, Burger, Pasta – alles, was sie liebten. Es wurde gelacht, Geschichten aus dem Spiel wurden erzählt, und Patrick wurde immer wieder gefeiert.
Plötzlich klopfte jemand an sein Glas. Es war der Trainer. Er sah Patrick an und sagte:
„Patrick, heute hast du gezeigt, dass du nicht nur ein großartiger Spieler, sondern auch ein echter Teamplayer bist. Wir sind stolz auf dich!"
Patrick wurde rot vor Freude, aber bevor er etwas sagen konnte, riefen seine Freunde:
„Auf Patrick! Auf die Seeadler! Auf unsere Meisterschaft!"
Alle stießen an, die Musik wurde lauter, und die Feier ging weiter bis in die Nacht.
Patrick wusste: Diesen Moment würde er nie vergessen.

Ein Stadion ist ein großer Ort, an dem viele Menschen zusammenkommen, um ein Spiel zu sehen. In den USA gibt es einige riesige Stadien, die speziell für American Football gebaut wurden. Hier sind ein paar der größten und bekanntesten:

1. Michigan Stadium: Dieses Stadion wird auch "The Big House" genannt und befindet sich in Ann Arbor, Michigan. Es ist das größte Stadion in den USA und kann über 107.000 Menschen Platz bieten. Hier spielt das College-Team der Michigan Wolverines.
2. Beaver Stadium: Dieses Stadion liegt in University Park, Pennsylvania, und ist das zweitgrößte Stadion in den USA. Es bietet Platz für über 106.000 Menschen. Hier spielt das College-Team der Penn State Nittany Lions.
3. Ohio Stadium: Auch bekannt als "The Horseshoe", befindet sich dieses Stadion in Columbus, Ohio. Es kann über 102.000 Menschen aufnehmen.
4. Hier spielt das College-Team der Ohio State Buckeyes.
5. AT&T Stadium: Dieses Stadion befindet sich in Arlington, Texas, und ist die Heimat der Dallas Cowboys, einem professionellen NFL-Team. Es bietet Platz für etwa 80.000 Menschen. Das Besondere an diesem Stadion ist das riesige Dach, das geöffnet oder geschlossen werden kann.
6. Rose Bowl: Dieses Stadion liegt in Pasadena, Kalifornien, und ist bekannt für das jährliche Rose Bowl Game, ein großes College-Football-Spiel. Es bietet Platz für über 92.000 Menschen.

Diese Stadien sind nicht nur groß, sondern auch sehr beeindruckend. Sie haben riesige Tribünen, auf denen die Zuschauer sitzen, und große Bildschirme, auf denen man das Spiel gut sehen kann. Die Atmosphäre in einem solchen Stadion ist unglaublich, weil so viele Menschen zusammenkommen, um ihr Team anzufeuern und Spaß zu haben.

Quelle Wikipedia

Patrick und Mia im Football-Stadion

Es war ein sonniger Samstagmorgen, als Patrick und Mia, zwei beste Freunde, beschlossen, ein Abenteuer zu erleben. Sie hatten schon viel über die großen amerikanischen Football-Stadien gehört und wollten unbedingt eines besuchen.
„Lass uns zum größten Stadion der Stadt gehen!", rief Patrick begeistert. Mia nickte und sie machten sich auf den Weg.
Als sie das Stadion erreichten, waren sie überwältigt von seiner Größe. Es war riesig, mit hohen Tribünen und einem grünen Spielfeld in der Mitte. Überall waren bunte Fahnen und Schilder, die die Teams anfeuerten.
„Wow, das ist unglaublich!", sagte Mia. „Ich kann mir vorstellen, wie aufregend es hier während eines Spiels sein muss."
Plötzlich hörten sie eine freundliche Stimme hinter sich. Es war der Stadionführer, Herr Caroll. „Hallo Kinder! Möchtet ihr eine Tour durch das Stadion machen?", fragte er lächelnd.
Patrick und Mia nickten eifrig. Herr Schmidt führte sie durch die verschiedenen Bereiche des Stadions. Sie besuchten die Umkleidekabinen, wo die Spieler ihre Ausrüstung anlegten, und den Pressebereich, wo Reporter über die Spiele berichteten.
„Und hier ist der Tunnel, durch den die Spieler auf das Feld laufen", erklärte Herr Caroll. Patrick und Mia stellten sich vor, wie sie selbst durch den Tunnel liefen, während die Menge jubelte.
Am Ende der Tour durften sie sogar auf das Spielfeld gehen. Sie rannten über das grüne Gras und spielten ein kleines Football-Spiel. Es war ein unvergesslicher Tag.
„Das war das beste Abenteuer aller Zeiten!", sagte Patrick, als sie das Stadion verließen.
„Ja, und eines Tages werden wir vielleicht selbst hier spielen!", fügte Mia hinzu.

Tailgating

Tailgating ist eine beliebte Tradition in den USA, die vor allem bei American-Football-Spielen stattfindet. Es handelt sich um eine Art Party, die auf den Parkplätzen vor den Stadien veranstaltet wird. Hier treffen sich die Fans oft schon mehrere Stunden vor dem Spiel, um gemeinsam zu essen, zu trinken und Spaß zu haben.
Hier sind einige typische Merkmale des Tailgatings:

1. Grillen und Essen: Die Fans bringen oft Grills, Essen und Getränke mit. Sie bereiten leckere Speisen wie Hamburger, Hotdogs, Steaks und vieles mehr zu. Das Essen wird oft direkt aus dem Kofferraum oder von der Ladefläche eines Pick-ups serviert, daher der Name "Tailgating" (vom englischen Wort "tailgate" = "Heckklappe").
2. Gemeinschaft: Tailgating ist eine tolle Gelegenheit, um Zeit mit Freunden und Familie zu verbringen. Die Fans kommen zusammen, um sich auf das Spiel einzustimmen, Geschichten zu erzählen und die Vorfreude zu teilen.
3. Spiele und Unterhaltung: Während des Tailgatings werden oft verschiedene Spiele gespielt, wie zum Beispiel Cornhole (ein Wurfspiel) oder Beer Pong. Es gibt auch Musik, und manchmal treten sogar Bands auf.
4. Teamgeist: Die Fans dekorieren ihre Autos und Tische oft in den Farben und mit den Logos ihres Lieblingsteams. Sie tragen Trikots und andere Fanartikel, um ihre Unterstützung zu zeigen.
5. Vorfreude auf das Spiel: Tailgating ist eine Möglichkeit, die Spannung und Vorfreude auf das bevorstehende Spiel zu steigern. Die Fans diskutieren über das Spiel, die Spieler und die Chancen ihres Teams.

Tailgating ist also mehr als nur eine Party – es ist ein wichtiger Teil der American-Football-Kultur und bringt die Fans zusammen, um ihre Leidenschaft für den Sport zu feiern.

Tailgating-Erlebnis

Patrick konnte es kaum erwarten. Heute war Spieltag, und das bedeutete nicht nur Football – sondern auch das große Tailgating-Erlebnis!
Zusammen mit seinem Vater und seinen Freunden fuhr er früh zum Stadionparkplatz. Schon von weitem sah er die langen Reihen von Autos, bunte Teamfahnen, laute Musik und den aufsteigenden Grillrauch. Die Seeadler-Fans waren bereit für das große Spiel!
„Wow! Das ist ja wie ein riesiges Picknick-Fest!", rief Patrick begeistert.
Sie parkten ihr Auto, klappten den Kofferraum auf und holten alles heraus: einen kleinen Grill, Burger, Würstchen, Limonade und sogar einen kleinen Football zum Spielen. Während sein Vater das Essen vorbereitete, liefen Patrick und seine Freunde los, um die Umgebung zu erkunden.
Überall waren fröhliche Fans. Manche spielten Cornhole (ein amerikanisches Wurfspiel) und andere hatten Mini-Football-Spiele organisiert. Plötzlich kam ein Junge in seinem Alter auf ihn zu. „Hey, willst du mit uns werfen?" Patrick grinste und rief: „Klar!"
Sie spielten eine Weile, lachten und hatten jede Menge Spaß. Dann rief sein Vater: „Essen ist fertig!" Patrick lief zurück zum Auto, wo der Duft von frisch gegrillten Burgern in der Luft lag. Er schnappte sich einen Teller und biss herzhaft hinein. Es schmeckte fantastisch!
Nach dem Essen wurde die Musik lauter, und die Fans begannen ihre Schlachtrufe zu singen. „SEEADLER, SEEADLER, WIR SIND DIE SIEGER!" Die Stimmung war elektrisierend – überall sah man lachende Gesichter, Teamfarben und aufgeregte Fans.
Dann war es endlich Zeit, ins Stadion zu gehen. Patrick klatschte mit seinen neuen Freunden ab. „Viel Spaß beim Spiel! Vielleicht sehen wir uns nachher!"
Mit Herzklopfen lief er in Richtung Stadion. Das Tailgating hatte ihn perfekt auf das Spiel eingestimmt. Heute fühlte er sich nicht nur als Fan – sondern als Teil einer großen Football-Familie.

American Football Quiz für Kinder

1. Wie viele Spieler hat jedes Team auf dem Spielfeld?
A) 9
B) 11
C) 13

2. Welche Position wirft den Ball normalerweise?
A) Running Back
B) Wide Receiver
C) Quarterback

3. Wie viele Punkte gibt ein Touchdown?
A) 3
B) 6
C) 7

4. Was ist das Ziel des Spiels?
A) Den Ball so weit wie möglich werfen
B) Mehr Punkte als das gegnerische Team erzielen
C) Den Ball so lange wie möglich halten

5. Welche Ausrüstung trägt ein Spieler zum Schutz?
A) Helm und Schulterpolster
B) Handschuhe und Stiefel
C) Hut und Sonnenbrille

6. Wie nennt man das Spielfeld im American Football?
A) Court
B) Pitch
C) Field

7. Welche Position fängt den Ball oft?
A) Linebacker
B) Wide Receiver
C) Kicker

8. Wie viele Viertel gibt es in einem American Football Spiel?
A) 2
B) 3
C) 4

Lösungen nächste Seite

9. Was passiert, wenn ein Spieler den Ball in die Endzone des Gegners bringt?
A) Es gibt einen Touchdown
B) Es gibt einen Foul
C) Es gibt einen Freistoß

10. Welche Farbe hat das Spielfeld normalerweise?
A) Blau
B) Grün
C) Rot

11. Was ist ein "Safety" und wie viele Punkte ist er wert?
A) Wenn der Ballträger in der eigenen Endzone getackelt wird, 2 Punkte
B) Wenn der Ballträger außerhalb des Spielfelds läuft, 1 Punkt
C) Wenn der Ballträger den Ball fallen lässt, 3 Punkte

12. Wie nennt man den Bereich, in dem ein Touchdown erzielt wird?
A) Endzone
B) Red Zone
C) Goal Line

13. Welche Strafe wird verhängt, wenn ein Spieler vor dem Snap die Line of Scrimmage überschreitet?
A) Offside
B) Holding
C) Pass Interference

14. Wie viele Yards muss ein Team zurücklegen, um ein neues First Down zu erhalten?
A) 5 Yards
B) 10 Yards
C) 15 Yards

15. Welche Position ist hauptsächlich dafür verantwortlich, den Quarterback des gegnerischen Teams zu stoppen?
A) Linebacker
B) Defensive End
C) Cornerback

16. Welche Position ist dafür verantwortlich, den Ball beim Kickoff zu kicken?
A) Punter
B) Kicker
C) Long Snapper

17. Was ist ein "Blitz" in der Verteidigung?
A) Ein schneller Laufspielzug
B) Ein Spielzug, bei dem mehrere Verteidiger den Quarterback angreifen
C) Ein Passspielzug

18. Wie viele Punkte gibt ein Field Goal?
A) 1 Punkt
B) 2 Punkte
C) 3 Punkte

Lösungen

1b, 2c, 3b, 4b, 5a, 6c, 7b, 8c, 9a, 10b, 11a, 12a, 13a, 14b, 15b, 16a, 17b, 18c, 19a

Super gemacht! Zähle deine richtigen Antworten zusammen und überprüfe dein Wissen mit der Lösungstabelle:

0-7 richtige Antworten: Du bist ein Rookie! Übe weiter und lerne die Regeln.

8-13 richtige Antworten: Du bist ein erfahrener Spieler! Du hast schon viel Wissen über Football!

14-18 richtige Antworten: Du bist ein echter Football-Champion!

Mache das Quiz mit deinen Freunden und finde heraus, wer der größte Football-Experte ist!

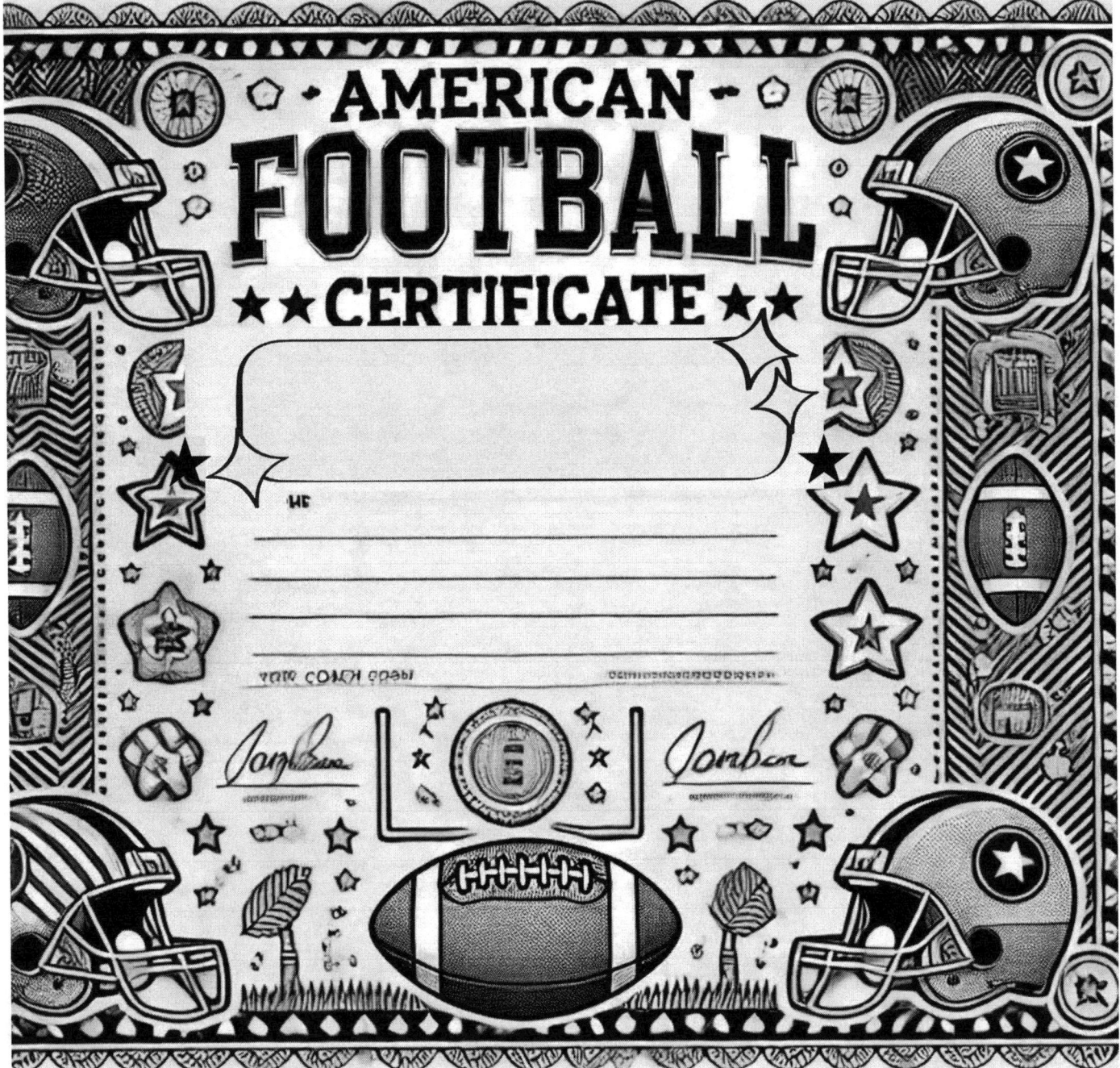

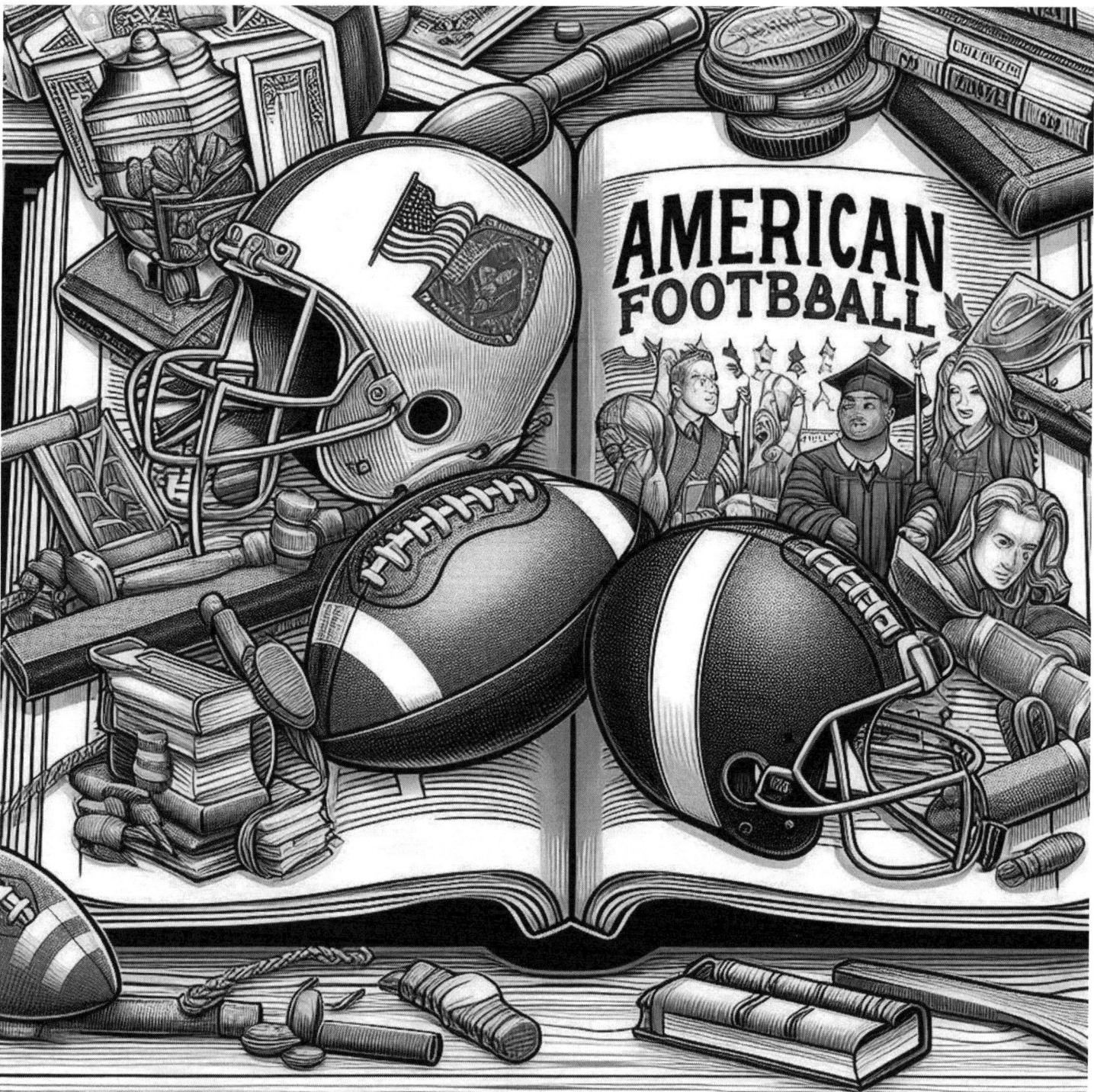

Made in the USA
Monee, IL
03 May 2026